쏙닥쏙닥

정용주 시집

시인동네 시인선 136　　　　　　　　정용주 시집

　　　　　　　　　　　쏙닥쏙닥

　　　　　　　　　　　　　　　시인동네

시인의 말

먼 거리 투척이라는 낚시법이 있다
기술도 없이, 힘도 없이
바다를 모르면서
멀리만 던지려고 애썼다
물고기가 웃을 일이다

시계초침이 쏙닥쏙닥 소리로 들린다
이렇게 닳아지려고
귀한 것 많이 끓어 먹었다

남 아프게 한 것들이나
자기를 울던 날들
이제라도 가만히 새겨야 한다

2020년 10월
정용주

차례

시인의 말

제1부

집 속의 집 · 13
혼자 울지 마라 · 14
가슴에 가득 차서 말이 되었다 · 16
무색(無色) · 18
황벽나무 · 19
떼 · 22
은행나무 · 24
십일월 · 26
아침 · 27
해바라기 · 28
반려목 · 30
공중 수도원 · 31
구월 · 34

제2부

모른 체하기 · 37

포란의 시(詩) · 38

갈골 과원(果園) · 40

라벨의 볼레로를 듣는다 · 42

접목 · 44

증명사진 · 45

개의 임종 · 46

아무도 죽지 않은 가을날 · 48

중복 · 50

생강나무 꽃 · 52

쏙닥쏙닥 · 53

참새들 · 54

식은 눈 · 56

사마귀 · 58

서정시인 · 60

제3부

청산 백산 · 63

나비와 오수 · 64

새벽 눈 · 65

저녁 1 · 66

저녁 2 · 67

목단 · 68

농부 · 70

닮고 싶은 사람 · 71

늙은 오리의 숲 · 74

사과 익을 무렵 · 75

장착 · 76

돌배나무 · 78

심봉사 사과 · 80

적막한 길 · 81

꽃을 보고 열매를 헤아리는 농부처럼 · 82

말뚝 성전 · 84

제4부

소요유 · 87

처음 보는 꽃 · 88

섬 · 90

산정묘지 · 91

K화백의 유작展 · 92

나침반 · 94

봄 · 95

성북역 · 96

멍석딸기 · 98

형제여, · 99

한련화 · 100

배 · 102

눈 오는 날 메주콩을 삶다 · 103

개미 · 104

해설 차경(差境)의 시학 · 105
　　　박동억(문학평론가)

제1부

집 속의 집

 전봇대에서 처마로 이어진 전화선 위에 노랑지빠귀 꼬랑지 깃털을 흔들며 지저귄다 그것이 아주 가까운 거리여서 나는 이놈이 반가워 노래 부르는 줄 알고 봄날 아침의 평화를 읊조리며 손을 흔들었다 그러나 새는 뒤쪽의 전봇대 꼭대기로 날아가 더 맑은 목소리로 지저귀며 눈을 떼지 않는다 내가 돌아서자 새는 쏜살같이 집 속의 집으로 스며든다

 나는 얼마나 단단하고 나쁜 가장이란 폭력인가

혼자 울지 마라

하늘 아래
어떤 슬픔도
온전히 한 존재의 몫으로
주어진 것은 없다

먼 단풍도
홀로 붉지 않는다

한 바람이
서늘한 능선의 가슴을 쓸면
마침내 모든 나무가
서로에게 물들어

가난한 영혼의 연대가
온 산에 붉다

들꽃을 바라볼 때
꽃의 귀는

너를 듣는다

홀로 슬퍼 자기를 연민할 때도
꽃은 피고 사랑은 간다

한 마음 괴롭히는
그 까닭으로
모든 영혼이 운다

우리는 모두 물들어 간다
혼자 울지 마라

가슴에 가득 차서 말이 되었다

돌복숭아나무 한 그루
물오른 가지마다
꽃망울 달았다

망설이다
가지를 잘라낸다

피어나지 못한 꽃망울
싹둑 잘려 나간다

무수한 말들
꽃잎처럼 흩뿌리고 탕아처럼
돌아온 날

화병에 꽂힌 가지에
연분홍 복숭아꽃 피었다

몸을 말려

혼신으로 꽃피웠다

가슴에 가득 찬 것이
비로소 말이 되었다

무색(無色)

가령, 색(色)이 없다는 말은 그 안에 모든 색이 녹아들어
아무것도 제 색을 낼 수 없다는 말

나는 이런 것을 보았다

가뭇없이 문드러지는 꽃잎 위에 배롱나무는
자꾸만 새 꽃잎 떨구어 붉은 이불 덮었다

또, 어떤 어미 거위는 부화일이 한참 지난
곯아버린 알에서 제 뱃바닥의 체온을 거두지 않고,

소나무 껍질 갉아먹던 염소가
검은 핏덩이 눈밭에 쏟아놓고
끝내 곁에서 어둠으로 물들어 가는 것을,

황벽나무

숲에 살던 십 년 나는 그 나무를 자주 찾아갔다

당신은 몇 살인가
언제부터 당신 발가락은 낡은 가죽구두를 뚫고
검은 침묵 속으로 뻗어갔는가
코르크처럼 두꺼운 외투 속에
치자빛 내피를 두르고
홀로 아름다우며
쓸쓸한가

그러나 도달하지 못한 자
증명하고 싶은 눈동자는 두리번거리지
들키고 싶어 하지
누가 나를 훔쳐가 다오

우린 지옥행 열차를 탈 거예요,
어느 날 나무 아래서 속삭이는 소리 들었다

〉

나는 본디 구름의 자식
방물장수 여인 등에서 유랑의 피 수혈 받으며 떠돌았다오

낡은 가죽구두 밖으로 막 삐져나오기 시작하던
발가락 구겨 넣으며 먼 정거장을 생각했다

이 나무를 베어버리자
잘 벼린 낫으로 껍질을 벗겨 친친 감아버리자
치자빛 물들어 흘러가면 어딘들 도달하지 않겠는가

나는 이미 알아요 종착역인 지옥을
이 발목 자르지 말아요

아니다 이미 기록된 기억의 얼룩 지우고
좀 슬지 않는 황권(黃券)을 엮으리라
황벽나무 아래서 나는 미망(迷妄)과 손잡았다

그 후 십년

황벽나무는 사라져
다시 내 발가락은 낡은 가죽구두를 뚫지 못하고
환영(幻影)의 나무 한 그루
검게 서 있다

떼

저무는 쪽으로
한 무리 새들이 날아갔다

추워질 것이다

무리에서 떨어진
몽골가젤
죽도록 달려간다
회색늑대 끈질기게 달려간다

떼는 어디 있는가
떼는 나를 살게 하는가

늑대와 끈이 짧아지며
죽도록 달려가는
몽골가젤은

익명 속으로 달려간다

확률 속으로 달려간다

죽음을 떠넘기려
달려간다

망토를 펄럭이며
떼는 멀어진다

은행나무

젖은 옷을 입은 자가 잠시 머물다 갔다
나는 조금 무거워졌다

듣지 못한 말들을 되새기며
조금 더 생각하고 싶었지만

기침 같은 바람이 왔다
새떼가 높게 날아 사라졌다
어차피 혼자 키워왔던 날들의 말이었다

헛바늘처럼 아리고
밥풀처럼 가득하였으나

당신 폐허의 정원을 한나절 환하게 수놓았으므로
뒤섞인 기호들은
하나의 문장으로 완성되었다

허공이 비었다

아무것도 전하지 못했으나 모든 말을 했으므로
나 또한 텅 비었다

이제 묵언의 책 한 그루
오래 서 있을 것이다

십일월

밑동 잘려나간 배추밭 위로 비가 내린다
배춧잎들 어지럽게 널려 있다

검은 비닐 뜯어지고
허물어진 이랑

버려진 배추들
허리에 지푸라기 끈 묶고 기울어 있다

땟국 절은 몸 맨땅에 맞대고
빈손 허공에 받드는 먼 티베트의 여인들

아침

어떤 밤은 모든 근심의 돋보기
제 가죽 안으로 덮어쓴 고슴도치 한 마리
자책하는 몸뚱어리 이리저리 굴리며
한 숨도 재우지 않는다
백번 회한이 잉크처럼 번질 때
웅크린 머리맡 희부옇게 감싸는 빛
창을 열면 밤의 침묵 모두 빨아들인
검붉은 장미 이슬 젖어 있다

해바라기

앞마당에 해바라기가 있다
봄에 씨를 얻어 꽃이나 보자 심은 것
외줄 대궁 비바람 견디며
검은 접시 혹은 부푼 보리빵 같은
얼굴로 발밑 보고 있다
말라비틀어진 잎들
찬바람 불면 파르르 몸 떤다
그것은 입에 마른 풀 물고
겨울 오는 초원을 향해
갈기를 흔드는 야생마처럼
쓸쓸하고 강인하다
식물의 목숨에 잠복해 있는
동물의 역동성을 발견하는 순간
나는 낫을 들어 저 목을 쳐
몇 됫박 씨를 얻고자 한 생각을 버린다
스스로 나고 소멸해가는
해바라기의 시간을 지켜보는 것으로
한 해 이득을 삼기로 한다

하나의 열망을 향해

전생을 기여하고 타버린 얼굴

바람은 눈의 사막으로 달려가고 있다

마른 잎으로 갈기를 만들어

시간을 전송하는 외줄 대궁은

전신이 지팡이가 되어

역풍으로 정신을 끌고 간다

나는 거부하기 위해 열망했다

반려목

하고 싶은 독백은 이것이 아니었는지
나보다 늙어버린 빈집 속에 기울어
허공이나 먼 하늘 따위 바라보지 않는
백태 낀 눈동자 눈곱 비벼내며
지나온 것이나 돌아갈 것이나
아득한 툇마루 잠깐 비껴가는 햇살
아니면 햇살이 비춘 그림자 같은 것
그을음 묻은 처마에 흙집 한 채
유유히 버려두고 종적 감춘 제비는
기억을 어디에 떠맡겨 유전하나
개 한 마리 양지에 묻고
싹틔우는 곳간 씨감자는 잊으라
어느 시간이 허문 제비집
서까래 폐기와 사이로 흰 감자꽃
한번은 피리라 삐걱이는 평상
발등에 얹은 미루나무 고목아
나 죽거든 가지에 새 앉히지 마라
죽은 나무엔 새가 없다

공중 수도원

시간을 덧댈수록 수도원은
하늘 쪽으로 한 칸씩 올라가고
지하로 깊어진다
종국에는 이뤄놓은 행적과
도달하고자 건너냈던 몸을 거둬 소멸할 테지만
아직 해야 할 것은 현재를 위한 전념
축복이든 형벌이든 이두족(二頭族)의
운명을 순응하며
감각의 촉수를 뻗는다

어떤 선입견 없이
흰 꽃을 먹고 태어난
동자들이 모여들었다
그들은 원죄 없이 단지
미래를 꺼내놓지 못한 죄로 선택된다
그리고 독방에 갇힌다

고행의 유효기간은 전 생애

한번 외출도 없다
빛이 없으므로
동터오는 아침 동력
밤이슬과 오는 별의 안식
지저귀는 새소리
나비의 춤
모든 것이 쓸모없다
일체 관념 명제를 차단한 채
오직 한 가지 화두 안에 있다

흰 새였다
뭉친 눈송이였다
한 장 엽서이기도 했던 독방에 실재했으나
아무도 문을 열지 않았다

한 겹 계절을 덧입은 공중 수도원
이끼 색 벽이 바래질 때
동자에서 출발한 고행이

이윽고 소멸하여 탯줄을 자른다

아무것도 관여하지 않은 자의 손에
정수리가 쪼개져 심판 받는
봉지 속 사과 한 알

구월

문득, 동그란 말들을 중얼거리며 고개를 든다
하늘 어항을 유영하는 붉은 잠자리 떼
봉숭아 백일홍 한련화 시들어가는 이름들
돌배나무 감고 올라간 나팔꽃은 귀뚜라미 울음 모아 구슬을 꿴다
그림자보다 가벼운 한 날의 육신

제2부

모른 체하기

마루 끝 차양 기둥에 곤줄박이가 둥지를 틀었다
매일 한번쯤은 스치듯 쳐다보고 지나간 자리
풀뿌리 이끼를 입에 물고 몰래 지켜본 곤줄박이
모르는 사이 푸른 점박이 알을 낳고
짝짝 입 벌리는 털북숭이 네 마리

들키는 순간이란 이리 멀고 짧다
나는 자꾸만 어미 새 눈을 피하고
곁눈질로 새집을 확인한다

허공에 자유로운 새들은
누군가 모른 척 지켜본 새들

포란의 시(詩)

단호한 결단에는 표정이 없다

흩어진 알 그러모은다
이제부터 나는
종일 헤집고 물똥 깔기고 다니는
닭대가리가 아니다

날개를 부풀려 체온 폭을 가늠한다
깃털 하나도 사소한 것 없는
실핏줄 영역이다

작두에 올라서는 무녀
두려움 없는 열망으로
생명을 맞으러 몸 포갠다

밤하늘 별은 내가 받아 적는
교신 언어
혈관을 타고 각질 백지에 스며

물의 골격을 세운다

침묵과 고독 무표정은
대기에 떠도는
생명 알갱이를 수신하는 안테나로
제 몸을 내어놓는 일

자박한 수갑 녹고 검은 시간
깨지면 마침내 가벼워
가물거리는 세계로 이륙하는 순간

톡톡톡
당신이 한 편 時를 완성했다는
교신이 온다

갈골 과원(果園)

늙은 사과나무는 생각한다

철조망 쳐진 비탈 과원
나는 어린 묘목으로 와
일생을 살았다

첫 꽃 피우던 봄을 기억한다
그때 내 몸이 키워낸 순정한 사과는
어린 손녀의 손에 따졌다
옥수수 알갱이 같던 입속에
시고 단 과즙으로 스미며 나는
아이를 소녀로 키워냈다

내 몸의 가지들은
사과를 따기 좋게 밑을 향해 잘려졌다
잘린 몸통을 굵고 튼튼하게 키우며
나는 해마다 붉은 사과를 달았다

구불구불한 몸은 이제
함께 늙어온 주인이 새처럼 앉아도 휘지 않는다
나는 내 일로써 농부를 이롭게 했다

얼음을 먹은 비 뿌리며
십일월이 지나가고 있다
거대한 붕새가 날개 펴듯
검은 구름은 한 계절을 덮는다

농부의 굴뚝엔 장작 타는 연기 피어오르고
나는 땅 위 일을 잊는다

뿌리에 목숨을 모아
깊은 숨으로 돌아간다

라벨의 볼레로를 듣는다

언 마당에 어치가 날아와
빨랫줄에 앉는다

손가락 푸는 피아니스트처럼
깃털을 문지르며 부리를 다듬는다

외줄 흔들던 어치
거꾸로 몸을 던진다
빨랫줄에 걸린 옥수수
마른 건반을 두드린다

찬 외줄 음계에
미명 흔들리고
언 땅에 깔린 서리 알갱이
그림자들 깨어난다

조금씩 빠르게 세게
어치 부리는 건반을 난타한다

오선지를 빠져나온 음표 하나
검은 굴 속을 거슬러 올라간다
시린 목숨을 연주하는 외줄

박명 속으로 확장하며 폭발하는 율동
거꾸로 매달린 어치 심장이 울린다

접목

사선으로 단칼이 지나간다
머리를 부정하는 몸과
뿌리를 지워버린 기억

선혈 낭자한 실핏줄 친친 동여맨다

굴욕의 문서를 찢고 새롭게 태어나라고
반의 세계는 천천히 죽어간다

부정을 부정하기 위해
온힘으로 결합하는 두 개의 부정

뱀에서 악어가 태어나고
양에서 늑대가 생겨난다

나는 매일 죽으며
변종이 되어간다

증명사진

단풍나무 아래서 여인들이 사진을 찍는다
카메라를 잡은 여인이 한쪽 무릎을 꿇는다
여인들은 근엄하기도 하고 웃기도 한다
끝 쪽 여인들은 손가락을 브이자로 만든다
카메라를 손에 잡은 여인은 오른팔을 들어
안쪽으로 더 기울이라고 손을 젓는다
허리를 굽히고 어깨를 겯고 무릎을 꺾으며
여인들은 하나의 피사체로 조합되어간다
찰칵 사진이 찍히면 여인들이었던 모든
여인들이 한 명의 여자가 된다

개의 임종

소리는 십삼 년 된 개
외래종 코카 스파니엘과
잡종 떠돌이 아버지의 순종

여자로 태어나 한 번도
자식을 가져보지 못한 소리
곱슬한 견모 덮어쓰고
얼굴엔 흰 수염이 박혔다

그와 나 사이엔 두꺼운 유리문
그는 밖에서 멀뚱히 안을 들여다볼 뿐
조용하게 혼자 산다
마루 구석 양지쪽에
넙죽 엎드려 졸다 벌떡 일어나 반기는
그와 한마디도 통하지 못하고 살았다

개가 아프다
물도 밥도 먹지 않는다

거실에 요를 깔고 눕힌다
늙은 개는 간신히 고개 들어
처음으로 사람의 방 안을 둘러보고
혼신의 힘으로 일어나
밖으로 나간다

비척비척 마루를 내려간다
마당 꽃밭에서 잠시 쉬어 바람을 맡는다
한낮 햇빛 쏟아지는 먼 산 바라본다

수돗가 파란 호스 꼭지 똑똑
물방울 떨어진다
거기까지 아득하다

아무도 죽지 않은 가을날

노인은 혼자 먹은 밥상머리에서
엉덩이를 장판 바닥에 끈다
텔레비전 앞 약봉지 담긴
바구니를 뒤적인다
극극 올라오는 신트림에 흔들리는 몸
벽에 걸린 농약사 달력을 확인한다
요양병원 가는 날
늙고 병든 몸 목소리가 사라져
쇳소리만 나온다
의사는 말없이 약봉지 쥐어주고
제 목숨 재어보는 날들 아련하다
이십 년 함께 늙어온 농사용 트럭
그르렁거리는 가래 소리로 화답한다
가을 물든 단풍나무 가로수 길 따라
코스모스 나란히 이어진 길
오늘 죽지 않은 자들이
노란 선 사이에 두고
이따금씩 교차하며 사라진다

한가로워 휘어지는 길모퉁이
시골 장의사 텅 빈 마당에
단풍잎 떨어져 구른다
고개를 외로 꼬며
저승 입구 확인하듯 지나가는 노인
중얼거린다
오늘은 하나도 죽지 않았다

중복

그는 개수로 바닥에 시멘트 턱을 만들어
졸졸 흐르는 물을 모았다
마른 골짜기마다 파헤쳐
작은 물줄기라도 찾아냈다
물구덩이에 호스 꼭지를 물려
밭머리 물통에 모아놓았다
그는 평생 부채질을 모르고 살았다
자신의 땀방울을 온전히 비탈진
사과밭에 뿌렸다
그는 할 줄 아는 것에만 전부를 바쳤다
오늘은 사과작목반 곗날
자신의 일상을 검문소처럼 가로막은
초록색 철문이 열리고 쨍쨍한 햇빛
화물칸에 가득 올라탄다
강물 휘돌아가는 백사장
양은 솥뚜껑은 푹푹 김을 쏟아내고
장작불 석쇠 위에 삼겹살이 뒤집힌다
이 밭 저 밭에서 모인 주름진

사과나무들이 비닐컵 소주잔을 부딪친다
철조망 안 그의 과수원에는
강아지 두 마리, 목 빼는 수탉
툭툭 피어나는 노란 달맞이꽃
고요한 사과밭은 아무 일 없다

생강나무 꽃

비탈 찔레 덤불 사이길
올무에 너구리가 걸렸다
얼마나 용을 썼는지
흙구덩이 패이고
철삿줄은 저를 묶은 나무를 친친 감아
밑동에 목을 대고 있다
분노에서 절망을 넘어
엎드려 있는 너구리 눈빛은
원수에게 애원하고 있다
하늘을 볼 수도 없이
옥죈 나무 끝에는
겨울 지난 생강나무가
노란 꽃을 피우고 있다

쏙닥쏙닥

핵교는 문턱도 못 가보고 열일곱에 아버지한테 불려 산 넘어 시집갔다 방 두 칸 움막에 시어머니 한 칸 시누 시동생들 한 칸이니 새 신부 잘 방이 없어 외양간 벽에 덧대 하꼬방 들였다 아궁이 불 때다 불려가고 시누들 속곳 빨다 불려가고 서방은 개코나 술대장이라 주막집 주인한테 불려가 솔가리 긁어 술값 갚았다 장날엔 파출소 불려가고 밭도지 주인한테 불려가고 그 많은 세월 불려만 다니다 시어미 죽고 술병에 남편 죽고 아들 둘 딸 하나 청상에 먹고 살라 불려 다니고 이날 입때껏 불려만 다녔노라고 이제 한번만 불려가면 아주 고만이라고 오월 사과나무 아래서 쏙닥쏙닥 가위질하며 어린 사과 솎아내는 늙은 어매

참새들

닭장 안에 세 마리 닭이 있고
찔레나무 덤불에 참새 떼가 재잘거린다
외출을 금지당한 닭이 불렀는지
먼 데 품팔이 꾀 난 참새들이 먼저인지
닭장 어느 개구멍으로 참새들이 드나들기 시작했다
처음엔 몇 마리가 시작하더니
며칠이 지나자
서부로 가는 보병대가 깃발을 꽂고 야영하듯
일개 연대의 참새 떼는 닭장에 기숙을 선언했다
— 이제 날 추워지고 눈보라 휘날릴 것이니
우리 참새 연대는 여기서 야영한다, 봄이 올 때까지 —
보급은 저기 난간에 팔짱 낀 멀대가 책임질 것이니
우리는 원주민 닭들에게 피해주지 말고
그들의 알도 탐하지 말자
닭들도 고개 끄덕이고 먹이통은 물론
물그릇까지 내어주며
한껏 주인의 아량을 베풀었다
졸지에 보급대원이 돼버린 나는

싸리빗자루 하나 들고 돈키호테처럼 달려가
난무의 칼을 휘두를까 생각도 해보지만
염소수염이 허옇게 된 마당에
무슨 좁쌀영감 짓인가
마음보 고쳐먹기로 한다, 봄까지만 —
그래도 찬바람 쌩쌩 불고 가랑잎 쓸리는 밤엔
언 신발코를 찧으며 공기총에 펌프질해
참새 몇 마리 새끼줄에 꿰어온 동네 형들이
고 새빨간 알 참새를 화롯불에 구워 먹던
생각이 나긴 난다

식은 눈

늦은 점심을 위해
밥 한 덩이 솥에 깔아 불을 올린다
밥알이 탁탁 소리를 낼 때
물 한 그릇 붓고 기다린다

만리산 건너편 능선에
흐릿하고 묵직한 기운이 밀려온다
저 묵언의 검은 입속에는
수만 마리 은어 떼가
눈송이를 산란하고 있다

이파리 모두 떨어진 사과나무들
일렬로 늘어선 과수원
길을 따라 휘어진 길이
철조망 너머 사라진다

첫 눈송이 헤엄쳐 온다
수백 수천 흩날리는 과수원

꿈틀거리며 출렁이는
희고 투명한 시작 그러나
추억은 이내 얼어붙는다

식어버린 무쇠 솥에서
붉은 밥알이 둥둥 떠오른다

겨울 바다 한 장 달려와
첩첩한 능파(陵波)에 드러눕는다
그 한 자락을 베어
눈[目]을 덮는다

사마귀

나를 수태하던 날 어미는 아비를 먹었다
나는 얼마나 무시무시한가

천 겹 광선을 박은 두 개 눈알
역삼각 방패를 전면에 세웠다

양팔에 장착한 잭나이프는
아비의 피를 발라 초록 바위에 갈았다

관대를 담는 포대자루 같은
가슴은 필요 없다

오직, 검은 굴로 흘러온 파쇄된 살점 녹여버릴
용광로 같은, 자기(瓷器)의 화덕 같은,
큰 배가 있을 뿐이다

태어나는 순간부터 집 따위는 없으므로
귀소는 연약한 떠돌이에게나 주어라

바위에 붙으면 화석이 되고
가시에 붙으면 장미가 된다

밤의 순례자이며 낮의 매복자
은밀한 잠언을 따라 찔레덩굴 목덜미에 붙는다
그대가 보았을 때, 이미 나는 와 있다

이제 나는 붉은 열매 아래 기다린다
기다리다 잊는다
찰칵,
나의 잭나이프는 어느새 칼집에 있다

너는 보았는가, 다시 잉태하는 나를

서정시인

전깃줄에 앉아 제비 부부가 토론을 하고 있다
바짝 다가앉아서 꼬리를 까닥이고 고개를 끄덕거리면서 제법 긴 말로 의논을 하더니 다시 한 번 빙글 날아 집을 돌아보고는 사라졌다

제비가 떠나고 집을 한 바퀴 둘러보았다
붉은 벽돌 두른 벽 틈에 시멘트를 이겨 넣고 방부 송판으로 메운 처마, 돌가루에 타르를 섞어 지붕을 씌우고, 노란 페인트를 칠해놓았다

제비에게 금줄을 둘러놓고 들어앉은 서정시인은
오늘도 쓴다
왜 제비는 진화하지 못하는가

제3부

청산 백산

청산 너머 우에
백산이 있네

청산에는 몸이 살지
백산에는 마음 살지

나비와 오수

독작 한 폭 다 그리지 못하고
남은 소주 반 병 지팡이 삼아
칠월 염천 땡볕을 걸어
무심산방 간다
스님 계세요?
반 그늘진 쪽마루에 개미 두어 마리
나머지 소주로 독작 완성하고
염천 땡볕 거슬러 온다

새벽 눈

왼손잡이 아버지 평생을 갈아
그믐달로 패인
먹빛 숫돌

풀숲에 기울어진
빈 배

이승에 가난했던 내 아버지
먼 나라에서 벌써 일어나

얼음 숫돌 낫을 가시는가

어둠 이편
아들 나라에

스륵스륵 빛가루 내린다

저녁 1

늙은 아버지가 붉게 물들어 집으로 돌아오는 등 뒤로
누런 벼 포기 고개 숙인 다랑이 논에
참새 한 떼 투망처럼 펼쳐 스며든다

저녁 2

땅거미처럼
저문 옷을 입은
거미 하나가
거미줄처럼
낡은 사립을 열고
한 올 한 올
해진 곳을
꿰매고 있다

목단

오두막 한 채
쓰러질 기운도 없어 버티고 있다
파란 함석지붕만 기워 입은 옷처럼 덮어썼다

층층나무 평상 아래 앉으라 손짓을 하고
노인은 방으로 들어갔다
굴을 찾아가는 병든 짐승 같았다

잔 두 개를 왼손 검지에 걸고 나왔다
검은 가루가 떠 있는 믹스커피였다

목장갑을 낀 손은 의수(義手)였다
노인은 잔기침을 했다

평상 옆으로 흐르는 도랑가에
곧 온몸 쿨럭이며
기침을 할 것 같은
목단 봉우리가 붉게 뭉쳐 있었다

햇살이 눈부셔

실눈을 뜰 수밖에 없는 오후였다

농부

> 너는 죽도록 고생해야 먹고 살리라
> — 창세기 1장 18

팔월 염천에 노란 농약 호스를 몸에 두르고
사과밭에서 당나귀처럼 땀 흘리는 저 농부는
이브의 혀에 넘어가 사과 나눠먹은 아담의
후손이라서 그런 게 아니라 사과 먹인 아내가
원수로 아니 되고 아직도 고와 그 배에서
나온 뱀 같은 새끼가 아직도 귀해 누대로
생육하고 번성하라고 땀에서 땀을 유전하라고
등을 옥죈 밧줄 질질 끌고 다니는 것이다

닮고 싶은 사람

그는 술을 달고 살고
아내는 잔소릴 달고 산다

부지런한 농부의 천성을 익히려고
새벽이면 눈뜨는 몸으로 자신을 단련했다
오전 새참까지 일이 하루 치 노동의 8할이란
신념으로 희부연 마당으로 나선다

개 닭 고양이 밤사이를 확인하고
이슬 묻은 풀꽃 머리에 오줌 누고
학자의 서재 같은 연장창고로 들어간다

종이컵에 막걸리 세 잔, 쪼그러진 대추를
우물거리며 그날의 연장을 고른다

그는 비료포대 반을 잘라 끈을 매단
핸드백을 하나 가지고 있다
과수원이나 깨밭으로 갈 때

항상 소주 한 병 대추 몇 알이 담겨 있다

나무 아래 혹은 밭머리에 쉴 참마다
두 잔, 어쩌다는 한 잔 더,
그는 남은 병을 슬쩍 흔들며
병뚜껑을 돌린다

그것은 마치 상처를 핥는 늙은 개처럼
홀로 가는 자신의 적막을 위로하는
독백처럼 느껴진다

나는 그가 취한 것을 보지 못한 것처럼
그의 아내가 그냥 넘어가는 것도 못 봤다
그는 피식 웃으며 대추 물고 먼 산 본다
서로 다른 새들이 한 숲에 지저귀는 것처럼

성님! 우리 남편이 반장님처럼만 마시면
내사 업고 댕기며 술 사것소,

야무진 소리 하고 있소!
달래 언챙인가 입 찢어져 언챙이제,

그러거나 말거나 창고에서 소주 한 병 꺼내와
사과짝 뒤집어 엎어놓으며
혼자 소린 듯 말했다
자네, 술 마시는 게 얼매나 서런 짓인동 아능가!
나는 경배하듯 잔을 받들어
허리 돌리고 홀짝 마셨다

늙은 오리의 숲

봉화 산골 늙은 오리가 사는 숲
이슬비가 내렸다
만리산과 청량산 봉우리
산안개 피어오른
초록 사이길
둥근 차양 늘어진 분홍 모자
뒤뚱뒤뚱 올라온다
웅덩이로 목을 늘어뜨리듯
길 아래 밭으로 미끄러진다
호미 구덩이마다 부리를 박으며
뒷걸음질하는 오리 궁둥이
허공에 치켜진 저 낡은
궁둥이가 누대로
초록 종족을 길러냈다

사과 익을 무렵

 어미가 어린 사과 알을 제 몸 푸른 그늘에 잘 가려 키워 이제 주름진 어미 잎의 보호색을 벗어나 홍조 띠고 단내 나는 얼굴 세상 밖으로 마악 내밀자 부리 뾰족한 새들이 마구 쪼아댔다

장착

농부가 되기로 마음먹은 청년은
중고 트럭에 농약살포기를 장착했다

시장이나 운동장
아파트 주차장에서도
농약살포기는 붙어 있다

그는 자신을 농부라고
구차하게 설명하지 않는다

구름은 비를 장착하고
나무는 정착을 장착한다
고아가 장착하는 설움은
전생(全生)에 잠복한다

장착은 지배하고 이끌며 규정한다
장착을 입고 벗으며 삶은 변한다

\>

가시를 장착한 장미가
바람에 흔들린다
나를 꺾으면
피 흘린다

돌배나무

언덕에 돌배나무 한 그루 있다

외따로 있는 돌배나무는 돌담 기울어진 오막살이 한 채를 떠올리게 한다

험산자락에 화전 터 잡은 부부

낮은 담 두르고 구들 들이고 샘물 길어 나물죽 끓이며 살아갔다

고단한 잠 위로 달빛 건너가고

계곡 밤물은 산벚꽃잎 띄워 흐른다

수수꽃 같은 아이들이 자랐다

콩 한 자루 등짐 메고 능선 넘어 장에 간

아비는 오지 않고

등잔불 그을음만 흙벽에 흔들렸다

돌담 허물어지고

빈 밭에 망초꽃 물결이 돌아왔다

빈집처럼 돌배나무는 늙어갔다

능선에 붉은 달 차오르면

주름진 나무는 제 몸에 흰 등불 걸어

달의 아이를 몸에 받는다

한 생은 꼭 살아본 것 같은
언덕 위 늙은 돌배나무

심봉사 사과

사과농사를 주업으로 삼은 산골마을
외딴집 닭장 옆에 사과나무 한 그루
심은 자가 무심해 독학으로 제 생을 살고 있다
마디가 가려우면 가지를 뻗고 눈이 간지러워 꽃을 피웠다
꽃자리마다 불쑥불쑥 애는 들어서 뿌리는 탄부보다 어두운 굴을 캐는 밤
양어미 같은 달빛이 빈집에 등을 걸었다
병든 잎 시들어 갈 때
이웃 농부가 제 밭에 치고 남은 약을 주어
자리보전 치우고 마른 젖을 물렸다
더러는 깜부기 지우고 곰보로 얽었으나
서늘한 바람에 보낼 곳 마땅찮은 자식 여럿 키웠다

나무야 사과나무야
심청을 기른 봉사 마음이 네게 있다

적막한 길

석포면* 아연공장 서너 개 굴뚝 연기
검은 강을 거슬러 오르다 춘양으로
휘어가는 첩첩산길
가는 차 오는 차 인적 드문데
입간판 삭은 가겟집에서
새어나온 길고양이
어정어정 건너가다
모퉁이 돌아 나오는 검은
승용차에 튕겨 나동그라진다
교차하는 두 대의 승용차
스르르 휘어진 길로 사라진다
힐끗 뒤돌아본 자리에
못으로 눌러놓은
검은 봉지 같은 것이
폴썩이고 있었다

---

* 경북 봉화군 소재.

꽃을 보고 열매를 헤아리는 농부처럼

아주 아득한 날
바보 농부 이반의 과수원에
하늘에서 봄눈 같은 꽃잎이 펄펄 나려

사과나무 가지마다
흰 꽃들이 활짝 앉았다

아름다운 풍경을 구경하려고
많은 사람들이 몰려왔다

감탄하는 사람들 속에는 바보 이반도 있었다
그는 말없이 집으로 가
은빛 사다리를 가져왔다

이반의 눈에는 가지가 휘어진 꽃자리마다
맺히는 열매가 보였다

나무에 사다리를 기대어 놓고

한 칸씩 오르며 꽃을 따기 시작했다
휘어진 가지가 힘겹지 않도록

그 뒤로 농부들은
봄이 오면 꽃을 따기로 했다

---

*바보 이반: 톨스토이 소설 주인공.

말뚝 성전

말뚝에 달아놓은 플라스틱 통 속으로
노린재들이 스멀스멀 기어들어 온다
오르다 미끄러지고 갈증으로 몸부림치다
뒤엉켜 죽어가는 노린재 군상은 모두 수놈이다
아무런 장식도 잠언도 없는 말뚝 종교
복음은 오직 한 구절 암놈 정액 냄새
꽃향기 실어 나르는 바람 전도사가 떠나온
시온으로 꾸역꾸역 수놈들 순교의 길 떠난다

제4부

소요유

자작나무 목공은 천 척 배를 지어
허공에 밀어 넣고

물 그림에 정박하는
붉은 옻칠 소선들

붐비며 적막한
연못의 오후

처음 보는 꽃

완두콩 꼬투리 열릴 때
호미 들고 쪼그려 옮겨 다니던 여자
툭툭 떨어져 오므린 나팔 같은
꽃 하나 주워 코에 댄다

시든 꽃에서 남아 있는 향기가
솔솔 피어났다
여자는 고개를 두리번거려
향기의 진원을 찾았다
바람이 오는 방향으로 실눈을 뜨고
콧숨을 들이마신다

가르마 사이로 송송 돋아나는
흰머리 위로
꽃 하나가 떨어진다
여자는 목을 꺾어 하늘을 본다

우뚝 솟은 오동나무 고목에

아득한 보랏빛 종들이 달려 있다
여자는 낮게 신음하며 중얼거린다
오동나무 꽃을 처음 보네

아내여
당신도 내가 처음 보는
늙어가는 꽃이다

섬

대체로, 소통은 하고 있으나 관여하지 않으면 섬이라 한다
가고자 하면 갈 수 있으나 마음에 두고 있으면 섬이라 한다
고요한 것 같으나 폭풍에 쌓이고 몰아치지만 잔잔해지면 섬이라 한다
알고 있는 것처럼 생각하지만 아무것도 모르면 섬이라 한다

그리워도 오지 않으면 섬이라 한다
그리워도 가지 않으면 섬이라 한다

무수한 섬을 모아 사람이라 한다

산정묘지

산짐승의 오솔길이 끊길 듯 이어진 움막 뒤편 산속을 다니다 보면 몇 기의 무덤을 만나게 된다 무덤은 남아 있는 자들의 마음에서 지워져 둥그런 형태만 유지한 채 억새로 뒤덮여 있다 그 무덤 어느 쓸쓸한 자리 하나에 나를 뉘어본다 호흡을 끊고 죽음을 흉내 내 눈을 감는다

이것이 어느 날의 사실이다

산속에 홀로 살고 있는 나에게 어떤 이는 묻는다
행복한가요
나는 혼잣소리로 말한다 나는 꼭 행복해야 하는가
오늘이 어제와 다르지 않고 내일이 또 오늘과 다르지 않다는 것, 얼마나 평화로운 것인가,

K화백의 유작展

인사동 오후는 느리게 붐볐다

기웃거리는 자와 기다리는 자들이 스며들고 흘러나오며 발자국을 뒤섞었다

상점들은 유작의 먼지를 털며 유작과 흥정하고 있다

J화랑은 어디인가

추운 감나무 같은 골목을 더듬어 막 등불을 내거는 홍시 속으로 걸어 들어간다

이미 와 있는 몇은 벽에 걸린 그림을 둘러보며 회상에 잠기고 회랑의 산책자들은 화보집을 들추며 전생으로 편입된 화백의 이력을 읽는다

'1주기 추모전'이라는, 생전과 사후 붓끝의 온기가 가시지 않은 벽에 걸린 그림 앞에서 표정은 참으로 난해하고 생각은 죽음 이편과 저편 사이에서 예술이란 것의 무게를 재어보는 것이다

명백한 증거 앞에서 애써 설명을 보태면 무엇하리

노구의 친구는 예인의 고독을 반추하고 젊은 조카는 피아노

앞에서 혼재한 공기의 의미를 연주했다

 오래되어 많은 유작들을 대접한 한식집 테이블에 둘러앉아 한 상에 네 명씩 불고기 샤브샤브를 먹었다 생전에 화백을 뵙지 못한 나는 조금은 어색하고 막연히 그리운 마음으로 상갓집 음식을 먹듯 퍼석하게 앉아 소주를 마셨다

 또 나는 K화백이 생을 갉아먹으며 드러낸 정신의 형상에 끌려 여기 있는 것이 아니라 K화백 생활의 인연이 불러 모아놓은 또 다른 유작이었던 것이 자꾸만 목구멍 속으로 소주잔을 털어 넣게 했다

나침반

나는 가난하지만
이웃은 풍족하여 늘 얻어먹으며 산다
두릅이 조금 남아 택배를 부쳤다
며칠 뒤 보낸 상자만 한 택배가 왔다
상자 속에는 노란 생가죽
카우보이 부츠가 들어 있었다
신던 구두를 보내서 미안하다는
쪽지가 있었다 자존심처럼 구두코는
뾰족하고 날렵한 뒷굽은 높았다
구두 속 깔창에는 자리를 가려 걸은
老화백의 발자국이 깊이
눌려 있었다 이것을 보관해야 하는가
신고 다녀야 하는가 잠시 생각했다
선생 없이 떠돌며 어느덧 햇늙은이가 된 길에서
많은 곳을 디뎌본
나침반 하나가 왔다

봄

청량리역 광장
시계탑 아래서 기다리는 女子
내가 먼저 맞고 싶은 女子
웃는 듯 무심히 지나가는 女子
女子를 가득 실은 기차는 떠나고
텅 빈 광장 계단
터벅터벅 멀어질 때
시계탑 아래 홀로 서 있는 女子

성북역

그때, 그녀는
어린 애인이 아니라 철부지 아이 하나쯤 혼자 키우겠다 결심한 동정녀(童貞女)였는지 몰라

차표도 없이 역사 울타리를 뛰어넘어 기차 꽁무니를 향해 자꾸 달려가는 뒷모습 쳐다보며 허공에 들린 손

고등학교만이라도 어찌 졸업은 해야 하지 않겠냐며 말이 없다 이천 원 냉면사리에 얹힌 돼지편육 한 점을 집어 이쪽에 포개놓고

아무것도 아니라면 그냥 아무것도 아닌 대로 가보자고 멀고 많은 날들을 겁 없이 시린 눈 속에 담아내던 잉크빛 교복

그때, 그녀는
일찍 죽은 엄마 대신 엄마가 되어 길 없는 사랑 하나 가꾸어 제 안의 눈물 닦고 싶었는지 몰라

그 이별 죄 아니곤 무엇이
여기까지 날 데려왔는지 몰라

멍석딸기

실 바늘 양말 보따리에 싸 머리에 이고
먼 마을 떠돌아 잡곡 바꿔
저무는 마을로 돌아오는 어머니

평생을 떠나고
평생을 돌아오는

아직 그 마음 내려놓지 못하고
보따리 위에
눌러놓은 잔디
이게 무슨 새끼들 먹을 것이 되냐고

가시 찔리고 뿌리에 먹히며
멍석딸기 덤불
뒤집어쓰셨네

형제여,

풀밭에 누워 있는 흰 뼈의 유산이여
꽃잎이 떨어져 대궁 아래 모이듯
무덤을 더듬는 손이 겹쳐 풀을 뽑고 있다
비밀을 나눠 갖고 뿔뿔이 흩어져도
한쪽으로 귀를 대고, 유전하는 피는
바람 부는 곳으로 떠돌아도
여기 누운 이의 염려는 하나처럼
두 마음에 닿으리

한련화
―아내에게

자주 배가 아팠다

엄마는 집에 없고
알루미늄 새시 문 오르는 계단마다
화분에 담긴
노란 한련화 고요하게 피었다

또 배가 아팠다

마룻바닥에 누워
엄마가 한 것처럼 손바닥으로
배를 살살 문질렀다

손바닥이 한련화 꽃잎처럼
노랗게 되었다
엄마가 깡통 속 황도를
숟가락으로 끊어 먹여주었다

남은 황도 달콤한 국물이 먹고 싶어
엄마 손잡고 한의원에 갔다
침 맞은 자리 문질러 주는
엄마 손이 노랗다

엄마가 시들고
한련화 꽃이 졌다

배

설그슬린
개미 같은 얼굴로

이국 노동자들이
사과나무에 붙어
흔들리고 있다

땅거미처럼 내려와
담배를 무는 사람

무엇이 데려왔는가

구운 돌같이 까만 눈동자가
등 밑에 접힌

배를 툭, 툭 쳤다

눈 오는 날 메주콩을 삶다

마당 화덕에 걸어놓은 가마솥
삭정이 밑불에 장작을 얹는다

불린 콩 한 솥 가득 넣는다
장작 토막을 깔고 앉아
불을 바라본다

지직거리며 물기를 짜내고 스러지는 불꽃
솥뚜껑을 덜덜덜 밀고 올라오는 더운 김

뚜껑을 열어젖힌다
풀풀 내리는 눈송이
솥으로 떨어진다

개미

개미가 한 줄로 기어간다 큰 발이 다가와 머리를 밟았다 그
래도 개미는 한 줄로 기어간다 큰 발이 다가와 꼬리를 밟았다
그래도 개미는 한 줄로 기어간다

해설

차경(差境)의 시학

박동억(문학평론가)

1. 건축과 거주

건축하는 자는 자신을 존립하는 데 모든 힘을 기울인다. 지붕으로 하늘을 가리고, 지상에 벽돌을 쌓으며, 더럽고 위험한 것들을 들판에 내던진다. 그렇게 그는 풍경을 추방함으로써 자신의 가족과 자기 자신을 지킨다. 플라톤은 철학자의 정신을 그러한 건축가의 작업에 비유한 바 있다. 사람은 저속한 것을 멀리하고 자신의 이성과 신념을 지키며 단련할 때에만 철학적 정신으로 우뚝 설 수 있다. 바로 이러한 과정을 사회 공동체의 원리로 확장하기 위해서 플라톤은 시인을 추방해야 한다고 주장할 수밖에 없었다(『국가』). 플라톤이 보기에 시인은 자신이 깨달은 바가 무엇인지 스스로 해석할 수 없는 자였다

(『소크라테스의 변론』). 즉 진리에 관한 한, 시인은 그 무엇도 자기 소유로 만들 수 없는 자다.

그러나 우리는 이렇게 표현해볼 수도 있다. 그 말대로 시인은 참으로 진리를 소유하지 않는 자라고 말이다. 시인은 진리로써 집을 짓는 대신, 진리와 함께 거주한다. 누군가 무엇인가를 안다고 말하지 않고, 무엇과 함께 산다고 말하기 시작할 때, 우리는 철학적 정신과는 정반대의 방식으로 탄생하는 마음을 발견하게 된다. 들판이라고 부를 수 있는 것, 불어오고 불어오는 운동이라고 불러 마땅한 것, 따라서 집과 바깥이라는 구분 짓기를 흩뜨리는 어떤 정신의 장소가 있다. 이제 우리는 이렇게 말한다. 정착지가 아니라 매 걸음에 거주할 수밖에 없는 정신, 그렇기 때문에 매번 시 쓰기를 멈출 수 없는 정신, 매 순간 다르게 증언될 수밖에 없는 생생함이 시인이 거주하는 장소라고 말이다.

건축하는 자가 아닌 거주하는 자로서의 시인, 정용주 시인의 시는 이러한 시적 정신을 뚜렷이 보여주는 듯하다. 돌이켜보면 시인은 산문집 『나는 숲속의 게으름뱅이』(김영사, 2007)에서 "나는 삶이란 것에 대해 어떤 근사한 철학도 논리도 가지고 있지 않다"(247쪽)고 담백하게 단언할 수 있었다. 실제로 시인은 사회인의 자세를 버리고 치악산 자락에 터 잡는 삶을 택한다. 그것은 소유하는 삶으로부터 거주하는 삶으로의 이행이라고 말할 수 있지 않을까. 그의 첫 시집 『인디언의 女

子』(실천문학사, 2007)의 서시 「집」에서 그는 이렇게 말한다. "가느다란 가지에 얹힌 한 움큼의 거처가/산 넘고 하늘 날아다니는 자유로움의/모태가 될 수 있다니/자유는 얼마나 단순하게 태어나는가." 시인이 선망하는 것은 새의 날갯짓이고, 그가 진정 거주하기를 바라는 장소는 자유다. 그렇다면 그가 바라는 자유는 사회적 굴레를 모두 벗어던지는 자연적 상태에서만 발견될 수 있는 것이다.

이번 시집에서도 우리는 바로 이러한 거주의 사유를 발견할 수 있다. 자연의 섭리라는 관점으로 본다면, 모든 장소가 오롯이 한 사람의 소유가 아니다. 모든 장소가 집이자 광장이다. 전봇대 위 전화선에 지어진 새의 둥지와 지상에 지어진 사람의 집은 포개어져 있다(「집 속의 집」). 마찬가지로 마음 역시 한 사람의 소유가 아니다. "하늘 아래/어떤 슬픔도/온전히 한 존재의 몫으로/주어진 것은 없다"(「혼자 울지 마라」). 그래서 그는 사람들이 말로 생각을 건넨다고 말하지 않는다. 대신 "가슴에 가득 찬 것이/비로소 말이 되었다"(「가슴에 가득 차서 말이 되었다」)고 표현함으로써 말은 마음이 넘친 결과라고 말하고 있다. 따라서 우리는 언어에 관한 물음을 바꾸어야 한다. 누군가 말을 건넬 때 대개 우리는 그 말이 무엇을 의미하는지, 말하는 사람이 어떤 마음을 감추고 있는지 추측하려 한다. 하지만 우리는 그 대신, 그가 어떤 절박함으로 말하고자 하는지, 어떻게 그의 마음이 내게 넘치는 것인지 되물어야 한다.

가령, 색(色)이 없다는 말은 그 안에 모든 색이 녹아들어
아무것도 제 색을 낼 수 없다는 말

나는 이런 것을 보았다

가뭇없이 문드러지는 꽃잎 위에 배롱나무는
자꾸만 새 꽃잎 떨구어 붉은 이불 덮었다

또, 어떤 어미 거위는 부화일이 한참 지난
곯아버린 알에서 제 뱃바닥의 체온을 거두지 않고,

소나무 껍질 갉아먹던 염소가
검은 핏덩이 눈밭에 쏟아놓고
끝내 곁에서 어둠으로 물들어 가는 것을,

—「무색(無色)」 전문

"나는 이런 것을 보았다"고 시인이 말할 때, 그는 체온을 보고 있다. 이미 곯아버린 달걀을 품는 어미 거위 앞에서, 새끼를 낳고 싸늘하게 식어가는 어미 염소 앞에서, 시인은 건네어지려는 체온을 본다. 그것은 한 생명이 온힘을 다하여 다른 생명에게 체온을 건네는 모습이다. 그런데 왜 시인은 그 풍경을 묘사하기 위한 단어로 '색(色)'을 택했는가. 시인은 어떤 동

물의 죽음에 관한 한 방관자이다. 그는 바라보고 있을 뿐이고, 자기 소유인 양 동물의 체온을 증언하지 않기 위해 '색(色)'이라고 쓸 수밖에 없었는지도 모른다. 한편 우리는 시인이 '색(色)'에 관하여 '녹아들고' '문드러지고' '물든다'고 쓸 수밖에 없었던 마음도 살피게 된다. 체온을 색이라고 말할 수밖에 없고, 색(色)을 체온처럼 비유할 수밖에 없는 이 머뭇거림이 윤리적이다. 시의 마지막 부분에서 죽음의 사건조차 염소와 어둠의 물듦으로 표현할 때, 시인은 근본적으로 존재는 타자를 향한 넘침으로 존립한다고 말하는 셈이다.

"누가 나를 훔쳐가 다오"(「황벽나무」)라는 요청처럼 시적 정신은 존립하지 않음으로써 존립한다. 자연 안에서 생명은 홀로 서기보다 함께 휘청거리며 살아간다. 어미가 자식에게 희생하듯, 시인에게 시 쓰기란 절박한 휘청거림이다. "아무것도 전하지 못했으나 모든 말을 했으므로/나 또한 텅 비었다"(「은행나무」)라고 시인은 말한다. 시적 언어는 마음대로 소유할 수 있는 것이 아니라, 하나의 의식 바깥으로 넘치는 것이다. 시인은 그저 말을 전한다는 사건을 위해, '무색(無色)'의 절박함에 닿기 위해서 쓴다. 그의 시에서 반복되는 '나무'의 모티프는 고백의 자세이다. 무엇을 전하기 위한 수단으로서의 언어가 아니라, 텅 비는 순간까지 고백하는 끈기야말로 정용주 시에서 '나무'의 표상으로 반복되는 근원적인 사건인 것이다.

2. 차경의 수사법

 실은 모든 것은 자연이다. 플라스틱과 폐수조차 자연이다. 그러나 사람이 스스로 무엇인가를 만들어낸다고 믿기 시작하고 어떤 장소들을 도시로 구획하며 오랜 시간에 걸쳐 누적한 실천을 문명이라고 부르기 시작할 때, 우리는 인위를 인식의 잣대로 삼아서 세상을 바라보기 시작한다. 인간의 오만은 자신이 손댄 장소가 더는 자연에 속하지 않는다고 말하기 시작하는 순간에 비롯한다. 따라서 자연시의 성패는 우리의 의식을 얼마나 인위성에서 벗어나게 하는가에 달려 있다. 그렇다면 자연 서정시는 근본적으로 비인간적이어야 한다. 물론 이러한 비인간성이란 인간을 착취하고 위계화하는 도시적 비인간성이 아니라, 인간성의 본질을 성찰하게 하는 근원적 반문이다. 그러한 반문 안에서만 우리는 자연 서정시라고 불리는 풍경에 닿게 되는데, 그 풍경이란 한 존재가 인간이라는 지평으로부터 자연이라는 지평으로 멀어져 가는 이행과 다르지 않다.

> 시간을 덧댈수록 수도원은
> 하늘 쪽으로 한 칸씩 올라가고
> 지하로 깊어진다
> 종국에는 이뤄놓은 행적과
> 도달하고자 견뎌냈던 몸을 거둬 소멸할 테지만

아직 해야 할 것은 현재를 위한 전념
축복이든 형벌이든 이두족(二頭族)의
운명을 순응하며
감각의 촉수를 뻗는다

…(중략)…

한 겹 계절을 덧입은 공중 수도원
이끼 색 벽이 바래질 때
동자에서 출발한 고행이
이윽고 소멸하여 탯줄을 자른다

아무것도 관여하지 않은 자의 손에
정수리가 쪼개져 심판 받는
봉지 속 사과 한 알

─「공중 수도원」부분

  이번 시집에서 자주 사용되는 작법은 한 사람의 삶, 하나의 일화가 하나의 자연물이나 자연 풍경에 녹아드는 방식이다. 요컨대 시의 전반부에는 구체적인 진술을 배치하되, 시의 후반부에는 서정적 풍경이나 서정화된 사물을 제시하는 방식이 많이 나타난다. 「공중 수도원」 또한 마찬가지다. 시의 전반부는 사색적 진술이다. '공중 수도원'의 수도자로서, 시인에게 삶은 견뎌내야 하는 고행이자 시련이다. 삶이 고행으로 간주되는 이유는 그가 존재 갱신의 가능성을 모색하고 있기 때문으로 보인다. 시인은 생명에 관해서 사색한다. 모든 것은 언젠가 '소멸한다'는 자명한 진실을 직시하면서, 그는 현재를 충만하게 살아감으로써 성취하는 두 가지 지향성, 즉 높이와 추락에 관해서 떠올린다. 존재는 고상해질 수도 있고, 추락해버릴 수도 있다. 존재 갱신의 가능성을 자각할 때 삶은 기로가 된다.

상승과 추락, 존재가 위태로움에 처해 있는 듯한 감각이야말로 단순한 물질에는 깃들지 않은 생명의 신비일 것이다. 이때 시인이 상승을 지향하고 있는 바는 '공중 수도원'이라는 시의 제목에서도 뚜렷하다. 그렇다면 상승의 의미는 무엇인가. 이 시의 후반부에 이어지는 정경은 죽음을 하나의 탄생의 순간과 겹쳐서 연상하게끔 유도한다. 세상이 한 존재의 '몸'을 거두고, "이끼 색 벽이 바래질" 만큼 오랜 시간이 흘렀을 때, 고행은 완수된다. 즉 고행이란 한 생명의 소멸과 "소멸하여 탯줄을 자"르는 새로운 탄생을 포개어 놓는 자연의 순환적 원리를 받아들이는 순간이다. 이때 우리가 고민해볼 것은 시인의 형이하학적 태도이다. 시인은 '상승'의 의미가 현실 초극이나 영혼의 탄생이라고 말하지 않는다. 다만 알이 깨지듯 "봉지 속 사과 한 알"이 쪼개지는 '심판'의 순간을 바라보며, 생멸

이 포개어져 있다고 말할 뿐이다. 따라서 어떤 죽음의 순간이 영원성의 인상을 남긴다면, 그 인상은 육체를 극복하는 형이상학적 정신이 아니라, 어떤 죽음의 자리를 담담하게 또 다른 생명으로 채우는 자연의 순환 현상에 내재하고 있다고 받아들여진다.

따라서 그의 시에서 비움이란 채움의 계기와 다르지 않다. 어떤 사람의 오랜 감정이나 기억이 흘려보낸 여백을 매번 자연 풍경은 채운다. 바로 이것이 정용주 시인의 시에 지속하는 서정의 원리다.

> 어떤 밤은 모든 근심의 돋보기
> 제 가죽 안으로 덮어쓴 고슴도치 한 마리
> 자책하는 몸뚱어리 이리저리 굴리며
> 한 숨도 재우지 않는다
> 백번 회한이 잉크처럼 번질 때
> 웅크린 머리맡 희부옇게 감싸는 빛
> 창을 열면 밤의 침묵 모두 빨아들인
> 검붉은 장미 이슬 젖어 있다
> ―「아침」 전문

시 「아침」에서도 전반부에는 근심과 회한에 시달리는 사람의 마음이 진술되고, 시의 후반부에는 이슬에 젖은 '검붉은 장미'의 서경이 제시된다. 우리는 장미를 인간 마음의 상징이라고 말할 수도 있고, 장미가 인간을 대신해 슬퍼한다고 말할 수도 있지만, 인간과 장미의 거리를 없애지 않은 채 다만 마음 곁에 장미가 있다고 말할 수도 있다. 이러한 작법은 다음을 뜻하는 것이 아닐까. 사람이 사람의 마음을 잃은 빈자리를 채우는 것은 자연이다. 따라서 우리는 그의 시에서 반복되는 것을 차경(借境)의 수사법이라고 이름 붙일 수 있어 보인다. 그것은 인간의 마음에 관한 물음을 풍경을 통해 답하는 방식인지도 모른다. 그렇게 정용주 시인은 어떤 마음을 표현한다기보다 마음을 비울 풍경을 찾고 있는 것처럼 보인다.

3. '아래'라는 이름의 섭리

이번 시집에서 일화의 대상이 되는 것은 주로 연민을 불러일으키는 이웃들인 것처럼 보인다. 예컨대 시인은 이제 임종이 얼마 남지 않은 늙은 반려견(「개의 임종」), 단란한 일상을 소유하지 못하는 화전민(「돌배나무」)을 연민의 시선으로 바라본다. 무엇보다 그의 시집에서 호명되는 주된 타인은 농부들인데, 「닮고 싶은 사람」에서는 "마치 상처를 핥는 늙은 개처럼" 술에 취해 있는 농부의 모습이 시의 마지막 연에서 경배의 대상으로 탈바꿈되기도 한다. 연민이 경배로 이행하는 급격한 정서의 도약에는 시인의 의도가 깃들어 있다고 판단된다. 따라서 이러한 시편들의 호소력에는 정서적인 것보다 인식론적인 것이 앞서는데, 그것은 "생육하고 번성하라고 땀에서 땀을 유전하라고/등을 옥죈 밧줄 질질 끌고 다니는"(「농부」) 농부들, 즉 경작의 운명을 죄처럼 진 채 인류를 위해 헌신하는 농부의 이미지로 드러난다. 「농부」에서 시인은 농사를 일종의 원죄로 은유함으로써, 최초의 노동이자 희생적 헌신으로서 농부의 삶을 상기시키고 있다.

우리는 이러한 이미지로부터 농경사회에 대한 하나의 이데올로기적 제유를 발견할 수 있는데, 그것은 노동이 한 존재를 결정한다는 본질주의이다. 이러한 사고는 "장착은 지배하고 이끌며 규정한다/장착을 입고 벗으며 삶은 변한다"(「장착」)는 하나의 구호로 확인된다. 표면적으로 정용주 시인의 시집은 구체적 일화와 농촌 풍경으로 이루어져 있고, 그 이면에는 다음과 같은 제유적 관계가 이데올로기적으로 성립되어 있다. 노동은 인간을 결정하고, 인간은 노동함으로써 삶을 완수한다. '장착/노동―인간/존재―삶/세계'라는 소우주―대우주의 유비는 상호순환의 제유적 관계로 묶인다. 장착은 인간이고, 인간은 삶이며, 삶은 장착인 것이다.

"청산에는 몸이 살지/백산에는 마음 살지"(「청산 백산」)라는 고전적 경구를 통해서도 강조되는 것은 자연―인간의 유비적 관계다. 이러한 제유적 상상력을 통해 이 시집의 미학적 가치를 일별할 수 있다. 요컨대 이 시집이 소박한 리얼리

즘, 즉 단순히 경북 봉화의 정경이라거나 시인의 구체적 체험을 묘사하는 데 그친다고 평가할 수 없는 이유도 이 때문이다. 시인은 그러한 장소들은 제유적 상상력을 통해서 나열하고 있으며, 그러한 상상력의 체계 안에서 하나의 장소는 세계에 대한 은유가 된다. 인간 존재는 서로 "알고 있는 것처럼 생각하지만 아무것도 모르"(「섬」)는 '섬'이다. 그러나 한 존재가 노동하기 시작할 때 그는 비탈길이다. "자신의 땀방울을 온전히 비탈진/사과밭에 뿌렸다"(「중복」)라고 쓸 때, 비탈이란 무엇인가. 비탈은 이 시집에서 끊임없이 반복되는 위치인 '아래'를 상기시킨다. '아래'는 노인의 쓸쓸한 오두막이자 병든 육체이고(「목단」), 동물이 자식을 길러내는 하복부가 놓이는 자리이자(「늙은 오리의 숲」), 기다림의 공간이다(「봄」).

'아래'는 이 시집에서 가장 주요한 위상인 것으로 판단된다. 이때 '아래'는 두 가지 의미로 해석하는 것이 가능해 보인다. 첫째로 '아래'는 소우주로서 존재의 위치다. 시인은 항상 현재의 아프거나 쓸쓸한 순간이 무언가의 '아래'에 놓인다고 말한다. 이로써 현재는 항상 과거의 아픔이나 미래의 고통을 짊어지는 하복부로써 이해될 수 있다. 예컨대 「황벽나무」에서 "황벽나무 아래서 나는 미망(迷妄)과 손잡았다"라고 쓸 때 그것은 결코 잊을 수 없는 순간을 말하고 있으며, '아래'는 과거와 미래라는 시간성에 짓눌린 인간의 현존재인 것이다. 둘째로 '아래'는 대우주로서 자연이나 대지처럼 타자와 세계를 지극

하게 맞이하기 위해 시인이 자신을 낮추는 자세이기도 하다. 「사마귀」에서 "이제 나는 붉은 열매 아래 기다린다/기다리다 잊는다"라고 쓸 때 그것은 "다시 잉태하는 나를" 기다리는 순간을 고백하고 있다. 그것은 죽음과 잉태가 포개어진 자연의 섭리에 인간 삶을 포개어 놓는 방식이다.

> 풀밭에 누워 있는 흰 뼈의 유산이여
> 꽃잎이 떨어져 대궁 아래 모이듯
> 무덤을 더듬는 손이 겹쳐 풀을 뽑고 있다
> 비밀을 나눠 갖고 뿔뿔이 흩어져도
> 한쪽으로 귀를 대고, 유전하는 피는
> 바람 부는 곳으로 떠돌아도
> 여기 누운 이의 염려는 하나처럼
> 두 마음에 닿으리
>
> ─「형제여,」 전문

모든 삶은 결국 누운 자세를 향해 나아간다는 것, 꽃잎이 떨어지듯 사람은 대지에 눕게 된다는 것은 자명한 사건이다. 중요한 것은 타인의 죽음이 우리에게 무엇인가를 선사한다는 시인의 상상력이다. 시인은 꽃잎이 떨어진 '대궁 아래'와 인간의 '무덤'에서 "흰 뼈의 유산"이라고 부를 만한 무엇인가를 발견한다. 그것은 어떤 교감이다. "무덤을 더듬는 손"으로 시인이 형제를 어루만지려 할 때, 마찬가지로 "여기 누운 이의 염려"가 자신의 마음을 어루만지는 그 교환이다.

죽은 자와 산 자의 교감, 이러한 사건을 서술하는 시적 현상학은 죽음에 관한 한 인간이 이분법(삶/죽음)이 아닌 삼분법을 취할 수밖에 없다는 사실을 깨닫게 한다. 인간에게 죽음은 한 존재의 무화가 아니다. 매번 인간은 죽은 이를 그리워하고 잊지 못한다. 따라서 인간은 죽음 '너머'를 향해 자신을 정향한 채로 살 수밖에 없다. 따라서 인간은 산 자/죽은 자라는 이분법이 아니라, 산 자/죽은 자(시체)/죽음 너머(영혼)라는 삼분법을 통해 죽음을 이해한다. 따라서 죽음의 문제는 항상 영혼의 문제. 영혼의 자리에 무엇이 깃드는지 물을 때 인간에게는 저마다의 해답이 있고, 정용주 시인에게는 '염려'가 놓이는 것이다.

누운 이의 유산은 염려다. 염려는 산 자와 죽은 자가 서로에게 정향되어 있다는 확신이자, 인간에 대한 영구지속의 긍정이다. 우애처럼, 인간은 인간 너머에서도 인간을 염려한다. 그 마음과 마음이 끝내 두 마음에 '닿는다'. 이로써 형제의 죽음이라는 애도의 사건은 삶과의 포옹으로 이행해간다. 그렇게 이 시집은 홀가분함을 향해간다. "오늘이 어제와 다르지 않고 내일이 또 오늘과 다르지 않다는 것, 얼마나 평화로운 것인가."(「산정묘지」)라는 진술처럼 이러한 '오늘'은 어제나 내일이라는 시간을 배제함으로써 획득하는 자폐적 오늘과 상

반되는 시간성이다. 그것은 어제의 미망과 미래의 염려가 포옹하는 시간이고, 자연과 영혼이 현재를 돌보아준다는 믿음을 간직할 때만 비로소 획득되는 삶의 평범성이자 겸허한 평화다.

이 도서의 국립중앙도서관 출판시도서목록(CIP)은 서지정보유통지원시스템 홈페이지(http://seoji.nl.go.kr)와 국가자료공동목록시스템(http://www.nl.go.kr/kolisnet)에서 이용하실 수 있습니다.(CIP제어번호: CIP2020042212)

시인동네 시인선 136

쏙닥쏙닥

ⓒ 정용주

초판 1쇄 인쇄　2020년 10월 7일
초판 1쇄 발행　2020년 10월 14일
　　　지은이　정용주
　　　펴낸이　김석봉
　　　디자인　헤이존
　　　펴낸곳　문학의전당
　　출판등록　제448-251002012000043호
　　　　주소　충북 단양군 적성면 도곡파랑로 178
　　　　전화　043-421-1977
　　전자우편　sbpoem@naver.com

　　　ISBN　979-11-5896-489-4　03810

*이 책의 판권은 지은이와 문학의전당에 있습니다.
*양측의 서면 동의 없는 무단 전재 및 복제를 금합니다.
*잘못 만들어진 책은 바꿔드립니다.